IENA

RINOCERONTE

STRUZZO

Gufo

PIRANHA

CAMALEONTE

CAMMELLO

LONTRA

LUPO

SURICATA

PORCOSPINO

FACOCERO

FENICOTTERO

SERPENTE

IPPOPOTAMO

Zebra

CERVO

EMU'

Volpe

orso

GIRAFFA

GORILLA

PANTERA

SCIMMIA MACACO

GATTOPARDO

ALLIGATORE

TIGRE

GHEPARDO

LEONE

LEONESSA

LEOPARDO

Gazzella

AQUILA

Bufalo

SCIMMIA

IPPOPOTAMO

www.ingramcontent.com/pod-product-compliance
Lightning Source LLC
Chambersburg PA
CBHW081129080526
44587CB00021B/3807